볼테르의 꽈배기

엔크 시인선

볼테르의 꽈배기

초판발행 2022년 9월 30일

지 은 이 류재엽
펴 낸 이 박태일
펴 낸 곳 도서출판 엔크

출판등록 제301-2008-137호
주   소 서울시 중구 을지로 14길 8, 800호
전   화 02) 2268-5152
팩   스 02) 2268-5154

I S B N 979-11-86254-00-4 03810
정   가 12,000원

*인지는 저자와 합의하에 생략하며 잘못된 책(파본)은 교환해 드립니다.

볼테르의 꽈배기

류재엽 |제1시집|

도서
출판 엔크

시인의 말

시는 창가로 다가서는 서정이다.
들끓는 설렘과 영혼의 카타르시스를
느끼며 미흡한 자신에게 부끄러움을 무릅쓰고
민얼굴을 내밀려고 합니다.

목 차

시인의 말 ······ 5

1부

십이월 ······ 13
홍시 ······ 14
구월의 메아리 ······ 15
바퀴벌레 ······ 16
꿈이 흐르는 강 ······ 17
내 안에 피워진 인생곡선 ······ 18
막역지우(莫逆之友) ······ 20
미소 웃음꽃 ······ 21
바램 버리고 간 금복이 ······ 22
볼테르의 꽈배기 ······ 23
산 그리고 산 ······ 24
비에 마그마 ······ 25
설경에 취하다 ······ 26
봄 왔잖아 ······ 27
하얀 튀밥 주머니에 넣다 ······ 28

2부

남산이 곡선에 겹치다 …… 33

곰배령 그대에게 …… 34

노거수 …… 35

갈포공원 첫눈 …… 36

동창회 소묘 …… 37

번뇌 아래 …… 38

숨자숨자 …… 39

앙코르왓트를 가다 …… 40

약속 …… 42

오페라 …… 43

철로 위의 비상 …… 44

한강시승식 …… 45

할미오이 혼잣말 …… 46

US영화와 기차수업 …… 47

벌(罰)과 벌에 대해 공감하기 …… 48

3부

느티나무 독백 …… 53

모녀 …… 54

송편 …… 55

배꽃 필 때 …… 56

옥수수 웃음 …… 58

바람의 꽃과 민들레 …… 59

이월 …… 60

호박 버무리 …… 61

환한 등불 …… 62

해바라기 웃음 …… 64

세상의 아침 친구 …… 65

오월 도봉산 눈으로 읊다 …… 66

시간여행의 봄 …… 68

한해살이 대추 …… 70

환절기 방황 …… 71

4부

내 맘과 힘겨루기 ······ 75
방 안에서 ······ 76
사방풍(風) 이루다 ······ 77
삶의 간이역 ······ 78
운동화 ······ 79
시와 동행하기 ······ 80
아날로그와 디지털의 공존 ······ 81
어깨통증의 변 ······ 82
양말 ······ 84
유년의 악보 ······ 85
장미의 초 ······ 86
핸드폰을 이해해야 하는 이유 ······ 87
넝쿨장미의 꿈 ······ 88
뚱보증후군 발병하다 ······ 90
독수리 오 형제 or 우애의 열 형제 ······ 92

평 설(박현덕 박사) ······ 95
" 서정의 셈여림으로 가늠하는 시의 몸짓 " ······ 97

1부

십이월

바람 이사했니!
거짓말, 거짓말이 왔다가 가도
왜 그러지? 시시덕거리다
헹굼질을 당한다

가위눌린 꿈속에서
눅눅해진 종이 뭉치
중력의 양심에 학대 당한 쇠한 기운이
공간을 넘어 밀려나간다

너무 오래 생각하지 마라
머무를 수 있는 내일
흔들거리는 두 다리로
무디어지도록 걸어야 한다

지친 날들이 등불을 후려친다
내일이 불안한 문풍지
열리었다 닫히는 문
바람과 맞서기를 하다 구름 속에 숨는다
칼바람 너 불법이다

홍시

달빛이 무척 곱던 날

감나무 위에
유난스레 발그레한 홍시
부끄러워 숨어들어
감서리 한창이다

에헴!

기침 소리에
간댕간댕 매달려
파르르 떨어져 나간다

살포시
문 닫아 주시던
시큰한 별 같던 그 마음

구월의 메아리

흙 돌로 물들인
고향 어귀 눈을 담아
눈부신 가을을 물들인다

숲과 바람 속에 냇물이
미완의 생애로
내달려 온다

하늘이 감청색으로 변해
산등성이 너머로
꽃대를 올리는
흐르고 싶지 않은 그 시간

조갈증 난 에미 심정으로
뿔 달린 산들이
내려가라
내려놓아라

늘 메아리가 되었다

바퀴벌레

이사 간 집은 수리해서 외관은 환하게 깨끗했다
어둠 속에서 스르륵 소리 없이 소란을 피워댔다
주로 야밤에 몰래 스며들어와 단잠을 깨운 바퀴벌레

얇고 가느다란 지붕 위에 사나운 언젠가를 노리며 숨어
필요 불필요한 존재로 공생하려고 하고 있다

도취의 피안에서 날 가르치려 하는 것이 너무 싫어
너의 퍼드득 날아다니는 소리 남기지 말아다오

더러운 것들 더욱 더러운 것들은 버려다오
검은 거대한 파티의 행렬
겨울의 차디찬 등잔 아래 너는 쓰러져 가리

밤, 무장 커진 어둠 사이로 불빛 따라가는 행렬

꿈이 흐르는 강

밤새 많이 아팠구나
그날 꿈꾸는 여린 심장은 타고 있었어
욱신욱신 쑤셔오던 꿈의 전령은 모자이크
처리되어 벗어버리자
아직도 자고 있는 거야

내쳐진 청춘 목마름으로 소리 적시는데
숙주가 된 바이러스
책장 넘어 이어주는 쉼표가 되고 싶어
파르르 파르르 떨려 이 순간

머릿속과 머리칼은 억새풀이 되어
모든 생각들이 여러 명 나를 변화시켜 가고 있어
소유하지 않는 것들은 다
박스 비워내듯 다양한 조각들을 비워내고 갔어

그 무엇도 나의 것이 아닌 것 알기에
주의 깊게 존재하지 않는 생각은
신의 영역에 머무른다

내 안에 피워진 인생곡선

 미세먼지 시달리는 거리로부터 피신해야 할 공간을 잃어
간다
 코로나 어디에나 있고 어디에도 없는 적
 안개 백신이 모인 강박으로부터 깨어난다

 아메리카노 콜드블루 쌉싸름한 향
 그 향기에 취해 다리를 꼬고 앉아 커피를 마신다
 신호등 건너편으로 신호를 기다리는 사람 즐비하게
 지그재그로 줄을 서서 기다리고 있다
 겨울잠을 깨고 나온 듯 삽시간에 사라지는 사람들
 겨울 눈비가 내리고 있었다
 움츠린 가로등을 촉촉이 적셔주는 속
 나의 친구 발 빠르게 길을 건너오다 싱그레 웃는다

 스마트폰에 중독된 우리 아날로그 시대에 없는 세계
 눈을 치켜뜨고 부지런히 글자를 치고 있다
 손목에 힘을 주며 글자를 이어가다 눈도 따라 힘을 주자
 안갯속에서 접속을 시도하다 사라진 글자들을 다시 기억
하느라
 눈에 핏기가 돌고 있다

다시 살리기 위해 안간힘을 쓰지만 분실한 장미를 살리지 못하고
습관처럼 지나쳐 가고 있다
잃어버린 말들을 쏟아내지 못하고 바람이 불어와 벚나무에 앉았다

나중에 그 나중에 기억날지도 몰라
무심히 무심히 기억의 끝자락을 붙잡고
이간질한 세상을 향해 야금야금 빛으로 허물어
관계와 관계를 이어가는 창 시작과 끝이 바람의 귓속으로 들어가도록
여직 아무도 닫지 못하는 창

막역지우(莫逆之友)

어지럽고 수선스럽던 배롱나무 교실
어쩌다 반쯤 비워진 날 들여다보면
꾸미지 않고 수수한 마음 그곳에 있었지
오리무중 주고받은 엽서들은 안개등이었어

옆집 사는 순이, 연이
여학생 잡지 한 달마다 교대로 빌렸어
만화방에 들려 만화책 열 권도 빌렸어
'베르사이유의 장미, 캔디' 수많은 만화 속에
생生들은 다 나였고 너였어
날들을 새워 동트면 눈꺼풀은 반쯤 감겨
가슴속 우쭐거리는 주인공이 되었어

어느 곳에서 터질지 모를 고뇌 따위는 없었어
북극에 전선 남극에 전선도 없이 어우러지는 곳
사계절 뛰어넘어 갔어 누가 비난할 수 있겠어
무명처럼 훗훗하여 걷는 거리
테이크아웃 잔을 들고 거리를 배회하며
마음껏 문명인이라고 아우성을 쳤어

미소 웃음꽃

옆으로 치뜨고 보아야 판독합니다
우리 서로 다르지만 미소 뿜은 주인공이란 걸
대답하지 않아도 견주지 않아도

뚝 부러지게 이쁘지 않습니다
밉지 않아서 말 걸어 주는
두 팔로 비밀의 세월 줍기 시작했습니다

흐르는 세월 탓에 약발도 받지 않는다며
건강 염려증 걸린 아이처럼 징징거려
손사래를 연신 치다가도 그래도 동분서주하며
분명하게 결핍 있는 그러나 결핍도 때로 무시하는 듯
무심히 던지는 말속에 뼈도 간추려 냅니다

버리지 못해 삼켜 입술 사이에 끼인 섬
파종도 못하여 미소 허물어대는 당신의
오래된 미소 웃음꽃을 찾고 있습니다

바램 버리고 간 금복이

촉수 세운 바람과 한 몸이 된 금복이가
문지방 틈새에 기대어
바램의 눈을 보내고 있다

낮과 밤은 언제나 그대로인데
비바람 몰아치는 거친 세상 속에
홀로서는 몸부림이 삐걱거린다

깃털 하나 날리기 위한
그날은 언제일까?
마음을 올린 자리 물관부는 시퍼렇고
인연의 끈을 놓으려는
그림자만 흔들거린다

하늘을 덮고 있는 허물일랑 벗어던지고
이생의 어둠이 가까이 머물러도
늘, 그렇듯 훌훌 털어버리고
한 세월 그 바램꽃
거리에 흩뿌려야 한다

볼테르의 꽈배기

갈색으로 둘둘 말아 불에 덴 듯 달아 오르면
아편처럼 달콤하여
마음속에 강한 압력으로 마른 생을 비틀어 뽑았다

허공 중에 생을 묻고 잃어버린 시간의 입구를
무거워진 손 위에 올려

무엇인가를 주어야 하고
무엇인가를 받아야 하는

변신이 망명을 서두르다 멈춘 자리

후루루 던진 길고 가느다란
나의 볼테르 나를 버려 나갈 것이다

평범하게 되려는 모든 일상
마음을 홀리는 불빛이 되어 나불거렸다
볼테르, 위안의 그 어떤 속됨도 벗어 던진다

산 그리고 산

능선 보이지 않고 봉우리 뒤에 숨는다
나를 붙잡고 놓아주지 않는 산
기어 여기까지 왔다

새로산 트레킹화 발에 물집 잡혀
폐부에 박혀 염장을 질러대는데

정상 정복한 나그네
조금만 올라가면 정상입니다
다 왔다 다 왔다 조금이 얼마큼이야
알면서 속아주는 긴긴 하루

발만 잘못 디디면 천길 낭떠러지
같이 간 등반가 보면 가고 보면 다시 가니
차마 말 못하고 눈으로 홍두깨로 두드리니

날지 않는 삶이 여기 있었구나
살기 위해선 날아가야 해
내리막은 더 차책골이야
산아래로 내려놓고 무어라고 부를까

비에 마그마

장맛비에 내 힘으로 어쩌지 못한
바람 속 우산이 춤을 춥니다

센 바람 속
내가 비틀거렸습니다

횡단보도 선들이 시냇물 되어
하얀 모형들을 그려냅니다

숙명은 바꿔 세워라
운명은 디딤돌로 건너가라

빛바랜 예감 사이로 왔던 정령

한 바퀴 더 돌아 나오다
어쩌랴 마그마가 되었습니다

설경에 취하다

하늘이 피어났다
홀리듯이
내 명치 언저리에 눈무더기
빙판 위에 나뒹굴었다

돌부리에 걸려
푹 팔을 꺾고 말았다

일상이 불편하다
울컥! 목울대가 치솟아 오른다

내 안에 광기를 빼어 들어
하루 사이 두 번 늙었다

관절 마디
공중에 낸 이력서를 뽐고 있다

봄 왔잖아

바람이 한걸음 걸으면
별이 없이도 봄이 길을 뚫고
긴 허리로 구름을 가로질러

성큼성큼 달음박질해 오면
보글보글 냄비에
푸릇해진 봄이 끓고 있다

이웃집 여자 수다 삼매경
날 새는 줄 모르던
그 속내가 바람속을 내달린다

고단한 하루가 기억으로 저물면
두런두런 피어나다 걸린
멀리 간 염치 잃은 길섶의 봄

하얀 튀밥 주머니에 넣다

흰 좁쌀로 튀밥을 튀었네요
눈으로는 세공을 하여
잠깐 동안 단맛으로 먹고
나비, 벌 다녀가며 모닝 손 인사하구요

온산에 튀밥을 누가 먹을지 걱정을 안해도 되어요
햇님, 새, 봄비도 다녀가실 거니까요

옆에 새순 샘 부려 다이아몬드도 만들어주네요
하늘엔 북두칠성 쏙쏙 흙빛 속에 넣어보구요
땅에는 행운의 클로버 하루가 쉬이 지나가나 보아요

아침저녁 넘나들은 벌과 나비 새들도
날마다 들르지 않을까요 보초를 서려구요

배꽃나무 줄기줄기 소년 소녀 노래와 축가도
들려주니
"풍차간소식"의 "스파게네티"가 부럽지 않을 거여요
주머니 속에 하얀 튀밥을 가득 넣어 왔으니까요

2부

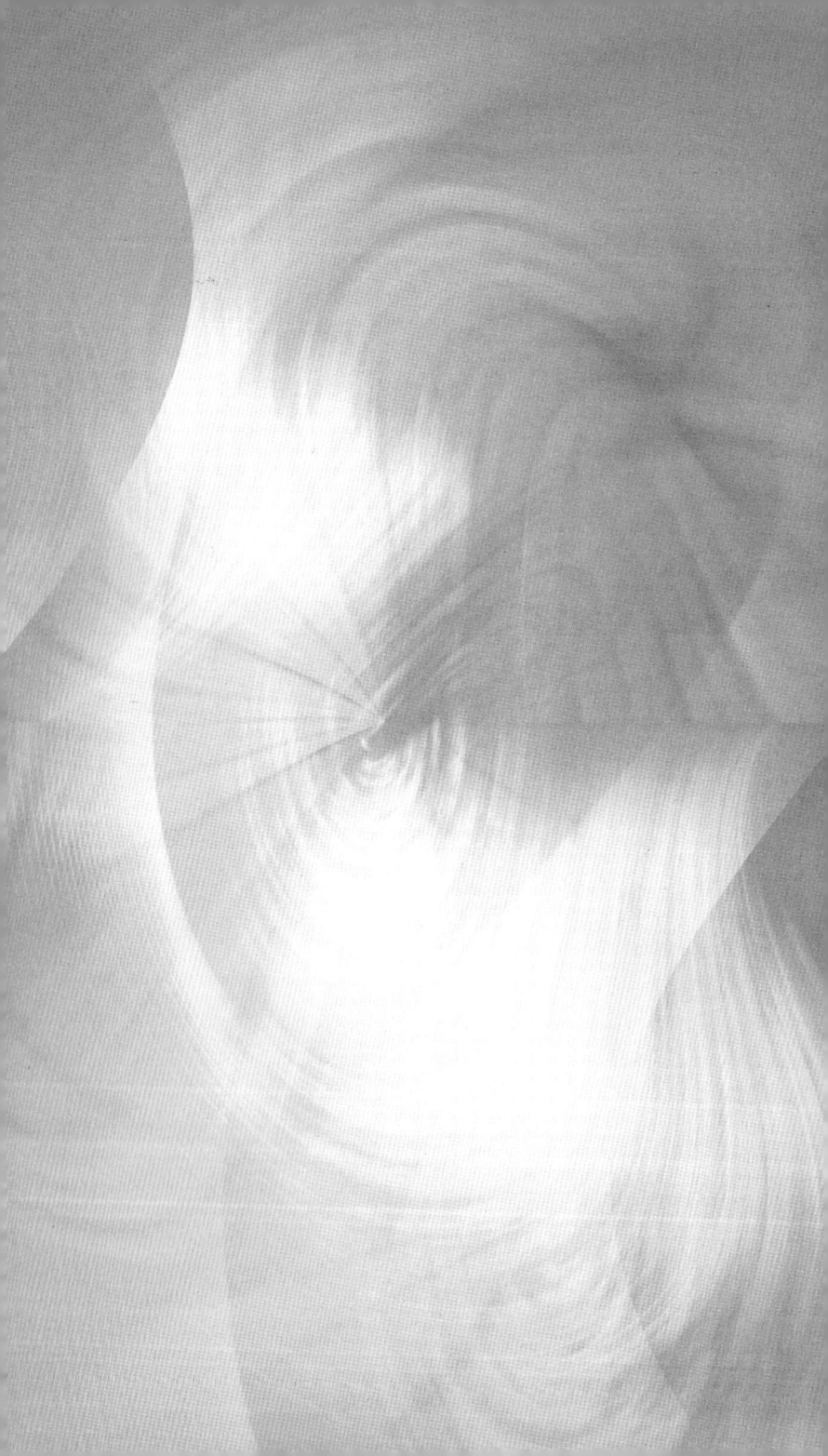

남산이 곡선에 겹치다

생명이 깨어난 남산 길로 들어섰다
이 골목 저 골목 낯설지 않아
가려져 안 보인 양철 북위의 지붕 남산 탑

비대한 나무 혼자 지침대로 오른팔 왼팔 두고 지탱하고
한껏 바람에 갓털을 날리며 터지려는 광기를 잠재우다
세상일 다 접어주고 편지 띄우는 노을도 붓을 들었다
낡은 현을 다 올려 뽑으며
그냥 터지는 신의 소리 탁음으로 피어나다

다 알고 있어!
등 돌리는 세월
어쩌랴

할 말 못 할 말 다 걸어두고 사려 깊게 내려오는 길
속됨을 비우자 속됨도 진리도 있다 반성과 여유로움에
피안을 넘으며 남산을 바라보다가 허물을 벗어놓는다
이 골목 저 골목 낯설지 않아 조용히 손잡아 취했다

곰배령 그대에게

버스 울리는
끝없는 새벽
곰배령, 그대에게 가고 싶어
내가 갑니다

핍박 받은 온몸이 진땀을 흘립니다
구름이 속살까지 다녀가도
마른 삶 그늘이 보이지 않게
알 수 없는 인연까지 겹겹 쌓입니다

그리운 사람 불러다가 뒹굴어보자
나비도 되고, 이많은 식솔들을 데리고
곰배령 골짜기에 수레를 끌고
겨울 소식 알려주자

겨울 햇살이 눈부시게 나뭇잎 사이로
숨바꼭질을 하자고
저래저래 보채 쌓는데
천연폭포 위로 쏟아져 보자꾸나

노거수

생성이 다채롭다
알 듯 모를 듯
나무와 소맷자락 사이로

구룡사 시간의 독경소리
셈 여림으로 골짜기 건너와
뿌리 깊이 꽂힌다

애당초 추사체 닮아
하고픈 말을 실으니
노송가지 못다 한 목마름으로

내 모습
열어놓은 입술로
휘청거리듯 초라하다

갈포공원 첫눈

그립다는 말을 흰 독에 풀어서
입안에서만 굴리다가
눈과 눈 사이 치맛자락 펼쳐 든 동상

확 할퀴어 버렸나!
차갑게 식은 바람 위로 발톱을 드러내어
시린 발 위로 뒷덜미를 낚아챕니다

등가지 살갗 터지도록 북서풍 불어주니
고독한 정신은 뜨거운 입김으로
대지로 서서히 밀려 나갑니다

눈꽃이 울고
바람도 따라 웁니다

쏟아내는 눈발 속에 감추고
새것으로 바꾸면 그 속에 눈의 마음이
살아 움직이며 눈과 눈 사이
갈포공원 우두망찰 떼를 씁니다

동창회 소묘

오늘따라 만사가 귀찮다
들썩이던 온몸이
총알이 되어 날았다

진눈깨비 산에 걸려
오늘은 설산 하나 만든다

혜화역 1번 출구
중국식 샤브샤브 훠궈탕
허겁지겁 허기를 메꿔간다

말갛던 소멸의 답심을 보내고
늙지 않는 청춘들은
소담소담 세월을 잉태한다

갓 부임했던 청년선생님
휘파람 불어 붉은 노을을 태웠다

질펀하게 둘러앉아
의미 없는 말들로
책장 넘기듯 발자취가 송연하다

번뇌 아래

다낭의 영흥사
발 아래 30층 높이 해수관음상

향해 선 그 아래
비우라 지우라

번뇌의 영상을 빗자루
들고 쓸어내린다
졸다가 졸다가 깨어 난
높고 깊음이
발효된 이스트와 같이
시선을 강탈 당한다

사방에서 조여오는
사람들의 육신

폭염도 잊은
연꽃들이 등 뒤로 돌아선
위로 쏟아진다

하늘이 하늘이 말갛다

숨자숨자

전후좌우 뒤죽박죽 놀다 한눈팔면
무뎌진 생각 집착과 바램이 생긴다

반평생 눈감다 걸린 새들
해갈의 목마름에 헝클어져 위로의 말을 듣고자 한다

개구리 지천에 깔려 자맥질에 소리 내고
밤하늘에 별똥별 샛길 따라 내려오다
심술 난 철새도래지 흙먼지 품어대니

숨자숨자
고약하게 잡혀 나와 들킨 빨간 눈물
어둡고 밝은 날 허공에 촉수를 세워
힘겹게 발 달린 하루

너의 계절이 나와 있고
나의 계절도 따라 배회하면

허둥거리던 마음 정갈하게 완전한 착지를 하여
계절 단청을 피운 아름다운 늪
억세게 운 좋은 녀석 트림으로 뻗어낸다

앙코르왓트를 가다

시작은 토닥토닥
의견이 분분하다

기다림은 붐비는 사람 속에
굳은살 박힌 듯 더디간다

하얀 정지선이
원망스런 눈빛되어 발화점을 잊어가고

눈총이 두 겹 되어
홍당무 얼굴은 한마디도 못한 채
무언의 항변으로 눈총들이 뜨겁다

기침은
잃어버린 정지선을 탐색하고
염치도 없는 세월 속으로
시선이 머무른다

반길 준비를 하던 앙코르왓트
허둥지둥 문을 열었다

그린듯한 붉은 해에게
그 사이 방전되어
두 살을 더 먹어 매일 매일
그 광채에
흔들거리는 나를 안았다

약속

약속을 위해 달음박질한다
발소리에 놀라 등불이 흩어지고 있다

나는 서 있고
거리의 사람은 날았다

내 마음 어딘가
봄볕이 도달하면
밀봉된 시간 쪼개어 그대 호출 기다리다
노을이 벌써 타들어 가고 있다

지고 흔들리는 사람 숨길 것이다
팔과 다리가 멀어져 가고 있는 지금

오페라

바람처럼 때렸어
오페라 너가

부드러웠어 아이스크림처럼
달콤하던 그 맛

이슬 머금은 새벽
한숨을 토했어

아프지 않은 거 없어

허나 가슴에 자국이 남아

철로 위의 비상

기찻길 철로 땅 위에 집
언제나 다른 두 갈래 길

인생의 영겁永劫은
기다란 기찻길로 달리고 있다

만날 수 없는 두 길을
마주보며 무수한 시간들이 지나간다

어머니의 치마폭 같은 봄날도
태양이 품어주던 생동의 여름도
벼이삭 품어주던 그 가을도
목쉰 절규를 쏟아낸
풍찬노숙의 겨울 아침도

그 속에 비상하는 새들을 보며
청춘을 잃어버린
마음도 눈 되어 하늘을 날았다

한강시승식

한강으로 시승식 하자며 따라나섰다

부서지는 노을 햇살 꽃술에 취했다

전동차 오는 줄 모르고 차에 넘어졌다

한의원 들어서니 한의사 황망한 표정이다

아들은 가로 왈, 삼재냐고 묻는다

가슴 위로 무명 빛깔의 아픔이 지나간다

고질이고 성가신 절뚝거림

기웃거리던 햇살도 넘어가는 저녁나절

왜가리는 때를 기다리라 목소리를 높인다

할미오이 혼잣말

고개 숙인 할미
젊음을 시샘하듯

노오란 할미오이
가을열차를 탄다
어디로 가나

인간미가 어우러진
한여름
과감하게 내던지며

다 지나가는 것이
시간일까, 세월인가

바람이 혼잣말로 읊조린다

여유롭다 흥얼대며
웃음보가 터져 나와
이리 기웃 저리 기웃

나이 든다는 것...

US영화와 기차수업

복제인간 내면에 존재하는 또 하나의 나

불투명한 인간의 미래가

또 하나의 인간 내면세계를 그린다

악과 선의 경계가 없다 천사의 눈이 없다

오른쪽 왼쪽 퍼즐을 맞추고 분해한

미래의 최후의 통첩은

또 다른 나를 재창조하고

하나를 파괴하고 소멸시킨다

삶은 언제나 환승 같은 기차수업

벌(罰)과 벌에 대해 공감하기

법당에 들어서 보면 세상에 벌들 다 모여
광장에서 시위를 하고 있다
추녀 끝에 물방울 소리 섞여 있는 공간
공중그네를 타고 있다

무수한 골목을 다 돌아 나와도
누구의 눈에도 들어오지 않았나 보다

벌(罰)과 벌의 공간에서 비를 피하고
어디에서 왔느냐 물으면
신비로운 교감에 매료되어

단식 투쟁하는 벌들에게 소화불량이 생겨나
쏘이지 않게 되는 일이 당연한 것처럼 되어

"생과 사", "죄와 벌"
날아오르던 벌새가 점으로 박혀 커지는 마음속
허밍으로 크로스를 쳤다

사방이 어두워질 때 남루하고 지친 영혼이
간판 위 신선이 앉는 자리가 될 것임을 아는 것일까

3부

느티나무 독백

신작로 위에 서 있던 젊은 느티나무
숲속으로 더 깊이 들어간 하루살이 잎
할머니가 흔들던 손과 나무가 흔들던 손이
둥그렇게 등 말린 기억을 풀며 살랑거렸다
어렴풋 과거의 나와, 예상치 못한 산들바람과
마주치며 부서진 마음은 어디에서 오는 걸까

할머니 손에는 늘 곰방대와 커피가 있었다
달달한 커피를 타주시던 지고지순한 할머니 카페
모든 주변 생기있는 봄을 소유하게 했다
지금 주머니에 거칠거칠한 손 느낄 수 있도록

언제 올거니! 나중에 나중에 무심코 말하면
표정으로 나타내도 마음으로 느껴지는
마음과 마음이 충격으로 격하게 흔들거려
지난 과거는 잔비처럼 내리고 있었다

모녀

딸아이와 사진을 찍는다

저 건너편에 낯선 얼굴
날 닮은 다른 아이 웃고 있다

포토샵?
내 안에 세월 지운다

별무늬 가득한 원판
너는 누구니!
기대어 서서 바라보며
내 안에 너 있고 나 있어

조잘조잘
말 걸어 줄 때까지
변할 수 없는 모녀지간

송편

영광에서 날아온 모시잎 떡

들통에 넣어 온도를 재고 있다

동부콩 투명한 분위기 덥히고 있어

수천 도의 온도 집착은 벗어놓고

공중부양하여 위풍당당 새롭다

각양각색 인생이 안개를 타고 흐른다

너는 누구이더냐! 내 안에 해갈을

적셔주고 들쳐놓고 흘러가는구나

수증기가 입안 가득 무너져 내린다

배꽃 필 때

엄마의 쑥버무리
생각나고 또 생각난다

논, 밭두렁에 있는
푸성귀 냄새가 싫어
그 느낌 생각하려 해도
지금은 이해되지 않는
소화불량 같던 쑥버무림

쌀가루 반죽 위로
붉은섬이었던 그 마음
오랫동안 보지 못하여
그리운 이 어디로 가셨을까

니가 업었는지 내가 업히는지
어디쯤에서 보고 있지 않을까
아무것도 보이지 않는다

살아가는 해답을 찾으려
교묘하게 둔갑하여 꼬리를 감추어도
하루에도 몇 번씩

나도 모르게 배우고 있다

집에 왔다 아무도 없어
꾸지람 없는 온 산을 쓰다듬어
수평선에 널어 말린다

옥수수 웃음

할머니의 주름진 얼굴 위
옥수수 알갱이 닮은
웃음이 좋았어

꽉 다문 그 입술 위에
청청하여
사라질 줄 모르던
그 미소

봄날 필 듯 말 듯
그리움에 들켜버린
선홍색 옥수수 웃음

잇몸에 번지는 미소
웃음의 빛깔별로 백만 개
더 달라고 말했어

바람의 꽃과 민들레

보드라운 바람 들어와
민들레꽃 담벼락 틈새로
땅을 베개 삼아서
둥글게 둥글게 퍼져 올라
반색하는 바람과 마주쳤다

며칠 밤 지새운 돌 틈새
낮과 밤은 버려지고
시간과 삐걱대며 지구와 공존하였다

유인원類人猿처럼 서성거리지마
누워있지 말고 서서 가야지
홀씨 그 허물 벗어 버려
저 멀리 날려라

하늘 향해 구부려
땅으로 내려놓아져
흙 속으로 파묻혀 아우성이다

이월

외출을 하다 말고
뒤돌아보는 이월

어떻게 그럴까
하다 보면
지척의
곁에 있네

아들과 딸의 생일
맞물린 이월
하늘을 펴다
흘리는 입가에 미소

들창문으로 이 소식
알려준 대견한 선물
이월의 아침

호박 버무리

어림잡아 대충 얼기설기
할머니의 호박 버무리
눈을 뜨고 달린다

말캉말캉
누런 속살 위로
삐죽이 솟아오른
콩의 맛

가지가지 도려내도
발돋움하며
끌어안고
마중하여 기다린다

환한 등불

그 산골 야트막한 들길에는
울 아부지가 산다

번데기들 땡감나무들이
한 발 한 발, 환한 등불
앞세워 오면

돌 무리 걷어내고
풀초롱으로 묘 등을 만들었던

주위의 나무들이 잘자랐다

바람이나 나뭇잎사귀가
풀숲을 이루면

나무 같은 울 아부지 소리는
풀벌레 고저장단 소리로 들렸다

절벽 같은 그리움을 하늘가로
후후~~
불어내어 구름 위로 흩어지면

그 산골엔
맨발로 서성이던
어릴 적 나와 울 아부지가 있다

해바라기 웃음

친구 손주 이찬이 해바라기 웃음
작은 얼굴 위로 한 올 한 올
현을 뜯어내는 악기처럼
색색의 비단 저고리에 움트는 미소

돌잔치의 백미
무엇을 잡을 것인가?

이찬이가 잡은 것은 마이크와
판사봉이다

돈 꽃이 빨간 햇살로 웃었고
꽃 덤불 웃음꽃
'오즈의 마법사' 되어 퍼져나간다

한 그루의 나무처럼
온 우주 중심에서 피어나
해돋이가 한창 빨간 공 닮은
해바라기 웃음을 피어내었다

세상의 아침 친구

겨울이 벌써 흘러가는데
세월은 눈도 귀도 버렸다

코흘리개 소년, 소녀 연분홍빛 옷 차려입고
허전하여 눈썹도 그려 넣고 립스틱도 바르고
동서남북에 사는 친구 결혼식에 가가호호
배롱나무 교정이 나를 들쑤시는가
까치발을 하고 마음 털어
닿지 않는 마음은 자꾸 문지방 들락날락
그렇지 않고서야 이구동성
말캉말캉한 향기 나는 하하호호가
추억으로 뻗어나가 몸에서 꽃이 되고
걸친 옷을 지우개로 지우다가 쓰다가
어쩌자고 만나면 저렇게
빨갛게 붉은 마음 물들이는가?
호산 가는 바닷바람, 고서 가는 바닷바람 맞으려나
마음의 문고리를 잡아당겨
초여름 잎사귀 같은 싱싱한 발자국

산줄기도 되고 소담소담 걷는 그 길들
내가 걷고 너가 걷는 향기로운 길들 아니겠는가

오월 도봉산 눈으로 읊다

도봉산 만남의 광장 들어서니
꽃들이 던진 추파 그 아리따움에 빠져
부풀어 오른 마음 만삭이더라

주섬주섬 이고 지고 온 친구들
그늘에 돗자리 널따랗게 펴고 둘러앉으니
갓 담궈 온 김치
달덩이 같은 찰밥 위에 장어, 김치를 얹어
살살 녹아드는 감칠맛에 누군들 반하지 않으리

오자미 게임으로 새로운 시작을 알리고
잘 들어갈 줄 알았던 '센터링'은 쉽지 않아
곤욕 치러대니 여기저기 탄식 연발이다
비디오로 사진 찍는 줄 모르고

내다 버린 오월 다시 주어와 눈 가장자리에 넣고
오월 그 등쌀에 남아있는 흔적 지워내며
주섬주섬 쫓기듯이 멋쩍어 내려온 산
화려한 기교보다 평범해진 하루

도봉산행 전철을 타고 되돌아오는 길
도란도란 참새 방앗간 애기 콩닥거리니
콩알이 새긴 실금 하나
흰건반 검은건반 안부를 물을 것이다

시간여행의 봄

가벼운 마음으로 시간여행, 어디에나 언제나 가능하다
높이가 없이 예사롭지 않은 상상력
보이지 않는 새벽의 상상력으로 우리들은 커갔다
상상 그것은 무료로 영접하여
게으른 우편배달부 눈 뜨고 기다려보자

늘 숙이는 공부만 했어
늘 제이 책만 읽었어
난 늘 놀기만 했어 말하던 영이

공부만 했던 숙이는 인테리어 사장이 되어 세상을 다 듬어 가고
책만 읽었던 제이는 시인이 되어 가려고 노력하고 있어
놀기만 했다고 말하던 영이는 아삭아삭한 김치를 멋들어지게
맛나게 담글 줄 알며 인생의 희로애락을 알어
바닷가 마을로 가 조개도 잡을 줄 알아
우리 이제는 서툰 안부 따위는 서로 묻지 않아도
중심을 바라보며 나눈다는 건
버틸 수 있는 인간의 대지였어

온 광장을 뛰어다니다 멈출 수가 없는 작고 큰 걱정거리에
대하여 쉼 없는 서로에 대한 거꾸로 말을 듣는다
우리 삶을 모색하는 시간은 헐벗지 않아도 되었다
굶주리지 않아도 글이 되고 삶이 되어 줄
우리의 웃음은 유효기간이 없어 멈추지 않을 것이다

한해살이 대추

하루살이
9월은
송진의 끄트머리처럼
진한 끈적거림으로
보물단지를 내놓는다

대추나무에 영글었던 열매가
우르르 무르익어 흐드러졌다

뒤뜰 장독대 그늘 진다고
싹둑 잘라버린 빈 나이테
생살을 허옇게 드러냈었다

9월이 오면
대추나무는 그리움이다

환절기 방황

스치는 바람도 덥기만 한
푸르스름 피사체 반사를 이룬

환절기를 앞둔 능소화
오므린 살갗이 터지도록
살들끼리 부대낀다

돌담 틈으로 바람 넘나들면
엎드린 담쟁이는 풀썩거려

그 소리에
마음이 닿을까 말까
아득히 먼

길 위 비스듬히 누워
그 잎새가
어디로 어디로 가고 싶나

깜깜한 밤들을 건너오면서
감춰뒀던 말들이
환하게 피어나는 순간이다

4부

내 맘과 힘겨루기

내 몸과 내 맘인데
수천 수만 개의 혀의 위치에서
불합리한 반복을 겪어내고 있다

허수아비 굴레를 돌고
우리들은 계속 말을 잃어가고 있다

옛날에는 이겼다
이제는 기교에 진다

잠이 마중 오는 감정의 끄트머리
겹쳐진 시간 속에 자각몽이 있는 곳

이제 생각하지 말자
중력으로 거슬러 온 미래
묘하니 귀퉁에 꽂혀 복장 터지는
내 단꿈이 산속으로 숨는다

방 안에서

가만히 가만 졸음이 달려나가는 지금
오직 나 혼자 가질 수 있는 리모컨 들고
이 채널 저 채널
시대을 거스르는 온갖 프로그램 눈에 담는다

자꾸만 뼈근대는 몸을 굴려 보아도
어떤 책을 열어 보다가 밀어보다가
유리창 너머 바깥 풍경마저 싫어진다

사람 발자국 소리보다 큰 자동차 경적 소리
그 통증이 멈추는 생활은 없다
남을 건 남아서 문신처럼 새겨져 희미해지리
움직이는 생활 너는 알까! 막막한 하루에 서서
몸과 침대가 일체되지 않기를 원할지도 몰라
궁금해질 내일, 마음을 헹구고 꿈이나 꾸자
눈감고 존재에 궁금해하는 능력의 잣대
서로가 다르니 제발 흔들어 깨우지 마

사방풍(風) 이루다

여기저기 책장 속
뒤척거리다

있는 것인지 없는 것인지
너슴너슴한 밤

삐요삐요
덜컥
겁나는 저녁
구급차가 지나간다

그럴 땐
또 하나의 진동
무(無) 마음이다

삶의 간이역

장맛비에 우산이 나팔수 되어
곤두박질 연출이다

구름이 강기슭을 훑고 지나다
바람 소리 다 머금는다

세상 속으로
뛰어나온 휘리릭 장맛비에

내가 살아보지 못한
삶의 간이역에는

분홍바람이 아닌
알알이 영근 생의 편린 묻어있다

이제는 승화된 일상으로
너와 나의 의자이고 싶다

운동화

폭우가 쏟아지던 날

새로 산 운동화 한 켤레

도랑물 따라 둥둥둥

천지간 비 내리는 날에는

물결무늬가 연습장이다
돌부리에 살짝 걸려

삐긋하게 얼굴만 내밀었다

새빨간 물 위

번개가 한참 들여다본다

시와 동행하기

글 모형들이
방아깨비처럼 다가와
자꾸 빙빙거린다

파랑새를 꿈꾸다
산을 넘는다
혼잣말로 사막의
오아시스도 만들 거야

흘려버린 낱말들을
주워 모아 보아도
쉽지 않은 동행
결코 가볍지 않다

아날로그와 디지털의 공존

첨단기술이 들어오자
한밤중에도 공중부양이다

엑셀!
피뢰침으로 맞서기를 한다

아들과 대화도 디지털 논법이다

파일을 열고
스타일 복사하기 엔터 레이아웃 누르세요

부지런히 적다가 진땀이 난다
번개가 후두둑 후두둑

복원되지 않는 아날로그 머릿속을 헤집는다
마른 가슴에 파장을 잃어 정물 같아지고
빠져 나가려는 것들을 놓치지 않으려
나는 점점 미쳐가고 있다

평생 해독이 어려울 줄 알았던 디지털
아날로그의 두려움 없는
이 생과 저 생의 갈피를 찾고 있다

어깨통증의 변

아릿아릿한 어깨에 굴렁쇠 심기도 하고
제비뽑기도 하며
가파른 산과 들과 푸른바다도 된다
구릉마다 뾰쪽 바위에 살갖을 후비었다

웃는 얼굴 들꽃처럼 피다가
돌멩이 던져 번진 파장이 일기도 한다

금방 끝나요

몇그램의 물방울이 절망과 희망을 공존하여
썩은 찌꺼기를 제거하다
빛의 세계로 거대한 그림자를 만들어

산소를 공급한 흰 흙과 내면에 세포들이
간판을 걸어 싸움질을 시작한다

뿌리가 나무를 지탱하듯
인간의 감옥에 갇혀
현실과 미래공간이 비루하다

제3의 세계에 대한 연민과
아편을 마신 녹록지 않는 검은 바늘 흰 바늘
통풍구에 풀들이 자라나기 시작했다

양말

멀미 난 반 백년
오지 않는 한 짝 기다리지 마
머나먼 행성이야

공중에서 떠돌다
되돌아오기 힘든
이래저래 두통거리다

해종일 외로워 보인다
한사코 기다리는 신호
신호위반 신호대기

유년의 악보

유년의 교정에는
피아노 소리가 숨을 멈추어
나팔수가 되어
입맞춤하게 한다

경옥이의 손은 유난히 이뻤다
꾸며진 곡조로
나를 위한 소나타를 연주하면
음악과 영혼이
깨어있지 않는 기쁨을 맛보았다

어느새 자란 자유 영역들이
내가 할 수 있는
수천의 지옥과 천당을 음미하여

살아보니 틀렸던 유년의 추억들도
살다 보니 살아보아야 아는 것들로 인해
혼돈의 세월을 잉태하기도 한다

나이 들어 산다는 것은
기억의 눈을 잠들게 하고 있다

장미의 초

손목 위에 붉은 장미를 새긴다
아픔은 극도의 인내를 생성한다
길 위를 떠도는 영혼은 부엽토가 되어
긴긴 장정을 시작한다

현실을 빠져나간 영혼은
어느덧 고통의 막바지에 이른다
다시는 돌아갈 수 없는 현실은
서글픔과 그리움으로 범벅이 된
분망한 세월을 훔쳐내며

가설극장의 무대를 연상하듯
사뭇 진지한 심정으로
예고 없이 드나드는 침의 효능

낡은 필름은 끊겨 나간 기다림의
영속성을 지닌
옛날 영화를 훔치듯 보고 있다

다시 돌아갈 수 없는 서글픔을 지니듯

핸드폰을 이해해야 하는 이유

손에 쥔 심플한 연인

늘 보고
또 보고 싶다

궁금하여 또 쳐다본 거울

사춘기 소년 소녀
말썽 피우듯
제멋대로 가기도 한다

조잘대며 때로는
엇나가기도 한다

날마다 새로 쟁쟁쟁 피어난다

아날로그 시대에는 없던
디지털의 안드로메다이다

넝쿨장미의 꿈

담을 타고 오는
꼬부라진 그 길

어디엔가 모르는 그곳에
허무를 공존하며
다정한 인사를 나누었다

거리를 떠돌아
가스등 눈에 터지면

종탑 마당에 마중 나온
아!
그것은 나의 꿈

참과 거짓을 초월하여
얼마나 많은 것들을 이루지
못하고 버렸나

담을 넘어
선을 지워나간다

재시작을 위해
희미하게 쓰다듬는
소리를 들었다

뚱보증후군 발병하다

목과 목울대 사이에 우물이 생겼어요
뼈만 남아 제비였던 별명
뚱보 증후군으로 바뀌었네요
날마다 먹는 것 일정한 것 같은데
제자리, 뜀박질을 못 하나 봐요
새로운 방법을 모색해야 할까요

매일 불광천 둘레길을 뛰었네요
예비군 아저씨 아가씨인가
휘파람을 불어 주네요
신이나 뛰었어요
얼마못가 멈추어선 발
어! 어
비속어를 날려 주시네요

다정한 당신은 멈출 수가 없나 보아요
늘 가까이 와 다정스레 안아 주네요
문 열고 나갔는데 주섬주섬 들어와 그리워 왔을까요

응암에서 걸어 한강까지 5km래요
늘 작심삼일(作心三日)

싸이즈 별반 다르지 않아 애타는 마음
알 리 없는 이 녀석들을 보낼 수는 있을까요

청둥오리 두 마리 서로 헤엄쳐 나가는데
구수한 냄새 사방에서 퍼져오니 할 수 없이
맛집 찾아 맛난 저녁을 먹었네요
디저트도 빠지면 큰일나요

한강에서 백두대간 천 리를 뛰어요
머릿속 망원경을 어찌할 수 없는 이 매너리즘

독수리 오 형제 or 우애의 열 형제

명칭을 무엇으로 할 것인가 의견이 분분
독수리 오 형제로 칭하였으나
세월 지나 우애의 열 형제로 정하였네

세숫대야 양쪽이 문지기하고
장대 끝에 걸린 공 호령하며
의견 일치 대동단결 두 동생의 공놀이, 이겼노라!
담쟁이로 넘어가 줄행랑을 치던 공
두 동생 키재기하여 담을 넘어가면
시간이 내려앉네

비포장도로 위에 땀 흘리며 살다 보니 그렇고
살아보니 문 열어 꺼내보네

독수리 오 형제 뒷바라지 허리 휜 장남 무게
할아버지 뇌졸중 지친 기색
역력하여 떨리는 손 잡아주며
삼 년이라 긴 시간 효도하여
받은 표창 벽 위에 누웠는데
꽃들이 미풍에 휘날리다
무심한 마음 헤아리고 헤아리네

자애로운 마음으로 다독이다
걸리는 세상 멀미 잊으려고
덮히는지 내가 덮히는지 방향을 잡아가도
손가락 사이 서로를 매끄럽게 다듬어 가도
때로는 다듬어지지 않는 세월 속에 숨어
침묵 같은 시선으로 서로를
어루만져 모난 돌도 다듬어졌네

세상의 허접쓰레기 손으로 투닥투닥
다 빨아 널어 말리다 보니
거품이 일다가도 톱니바퀴 되어 돌아 나오네

낮 동안 걸어두었던 꿈 습관의 생존방식에
 경계선과 목적지가 달라도 기도하듯 끌어안고 토닥
토닥

평 설

박현덕 박사

"서정의 셈여림으로 가늠하는 시의 몸짓"

서정의 셈여림으로 가늠하는 시의 몸짓

박 현 덕 박사
(시인·문학박사)

들어서며

 대다수의 문학 작품은 그 시대의 사회적 성격을 띤다. 그것은 질서를 규명하려는 잠정적 결과일 수도 있고 그 형상을 통해 새로운 길을 제시하는 당위성을 내포한다.
 「변신」이라는 단편으로 잘 알려져 있는 카프카는, 작품 「성」에서 독점자본주의 속에서 인간들은 권력으로 인해 기형적인 모습으로 변하는 것을 피할 수 없음을, 「이방인」을 쓴 카뮈는 부조리문학을 내세워 이율배반적인 관계를 드러냈다. 우리 문학사에서도 그러한 사회적 관계 속에서 여러 작품들이 새로운 개혁을 꿈꿔왔다. 사회의 질서를 외치며 나름대로 시대를 규명하려는 몸짓을 보여주기도 했다. 이미 문학은 이 사회의 대중과 밀접한 연결고리를 형성하고 있기 때문이다.
 시 역시 사회와 환경 속에서 생성되는데, 적극적인 작가의 개입으로 더 빛을 발한다. 기표와 기의로 표상된 대상을 작가의 시선으로 재창조하는 것이다. 시인은 이미지와 운율을 띤 시적 언어로 과거와 현재 사이에서 구체적인 사유로 우리 사회의 여러 단면을 꿰뚫어 세계관을 담아낸다. 시로 응축된 〈메시지〉는 독자를 통해 기대 지평선이 열린다.

개성이 죽고 모든 것이 보편화된 현대를 '복제기술시대'라 하는데, 이는 원형이 희박해지고 복제가 보편화되는 시대를 의미한다. 맞춤양복시대가 기성복의 대량생산으로 바뀌는 것처럼, 난해함과 극단성으로 점철되는 미래파시 역시 한 시대의 흐름을 따라가고 있다. 허나 시의 지류가 서정시로 회귀한다는 것은, 현대의 물질문명을 상징하는 길고 난해한 시보다 언어적 운율적으로 시적 형상화가 진정성을 찾는다는 것이다.

또한 종래의 고답적 세계관에 자신이 체득한 경험적 산물을 이입시켜 새로운 세계관을 보여준다. 시의 막막한 아름다움이 아니라 일상속에서 생의 의미를 들춰내 가슴 절절한 시적 울림을 선사한다. 이 울림은 시의 영역 안에서 그려지는 것이지만, 상상력과 힘을 바탕으로 시적 공감대를 확산시킨다.

어느 개인 삶의 영역에서 발생하는 문제와 그 시대적 소산물도 공통의 텍스트로 구조화 되어 문학적 지향과 갈래가 동일시 되는 것처럼 보여 줄 수도 있다. 결국 시인이 시적 형상화를 통해 삶의 이야기가 재구성된다. 자신의 내부에서 일어나는 크고 작은 삶의 성찰과 시대적 담론이 세상과의 소통을 위한 시의 몸짓으로 나타난다. 세상으로부터 받은 상처들을 끌어안고 '나'에게 고통이 될 수밖에 없는 이야기를 시로 승화하는 것이다.

류재엽 시인의 시적 발화도 대개 일상 속에서 일어나는 일들을 시의 씨앗으로 삼는다. 시인은 내면의 기억을 재구성해 그 가슴에 박힌 파편들을 끄집어내 개체화시킨다. 그것은 일상의 한 찰나를 통해 얻은 삶의 내밀한 이야기일 수도 있다. 시인은 그 '시의 소재'를 여러 재료와 함께 치대고 반죽하는 과정에서 시를 상징적 가치로 부각하거나, 자기만의 시 세계를 오롯한 그릇에 담아 일관된 '시의 몸짓'을 보여준다. 삶의 순간마다 마주치는 다양한 양태들을 간과하지 않고 내밀화하여 시적 세계로 진입하게 한다. 그 과정에서 읽게 되는 텍스트는 독자에게 시인의 시에 대한 '기대의 지평선'을 접하게 한다. 독자는 하나의 새로운 시를 대할 때 자기가 과거에 경험했던 일들을 반추하고 그것과 결합하여 재구성함으로써 시인의 메시지를 새로운 의미로 받아들인다.

류재엽 시인은 2019년 〈문학시대〉 신인상으로 등단했다. 그의 작품세계는 일상생활의 경험을 담아내는 사실적인 묘사보다 시인이 기억했던 순간의 일들을 세밀하고 날카롭게 재구현하는 데 치중한다. 더구나 서정적 결을 잘 살려 자신의 심경을 자연물에 투사하는 시적 양상을 선보여 왔다. 주지할 만한 것은, 잠시 동안 여행을 했던 기억을 더듬어 시인은 지난한 삶의 정서를 껴안는 성찰을 보인다. 여행이란 우리 삶을 새롭게 다시 사는 것이며, 우리가 살아가는 의미를 재발견하는 것이기 때문이다. 창작하는 기술이란 뜻이다.

1. 혈연, 그리운 헌신의 지표

시집 『볼테르의 꽈배기』에서 보여주는 가장 큰 시적 지류는 가족에 대한 사랑이다. 우리가 살아가면서 가장 소중한 가족인

'할머니, 아버지, 어머니'에 대해 시인은 그리움 가득한 정서로 시를 빚어낸다.

이인상의 그림 「송하관폭도松下觀瀑圖」를 보면, 한 사내가 소나무 아래 웅크린 채 저 먼 허공을 바라본다. 모든 것을 작파하고 한 순간 내면의 마음을 뜬구름에 실려 보는 사내는, 곤궁한 삶에 지쳐 늘 혼자서 그 어깨에 얹힌 삶의 무게를 감당해내시는 우리네 아버지의 모습일 수도 있다.

그 산골 야트막한 들길에는
울 아부지가 산다

번데기들 땡감나무들이
한 발 한 발, 환한 등불
앞세워 오면

돌무리 걷어내고
풀초롱으로 묘 등을 만들었던

주위의 나무들이 잘 자랐다

바람이나 나뭇잎사귀가
풀숲을 이루면

나무 같은 울 아부지 소리는

풀벌레 고저장단 소리로 들렸다

절벽 같은 그리움을 하늘가로
후후~~
불어내어 구름 위로 흩어지면

그 산골엔
맨발로 서성이던
어릴 적 나와 울 아부지가 있다

- 「환한 등불」 전문

류재엽 시인은 이 시집의 아버지에 대한 기억을 떠올린다. 시인은 나이가 들어 기억 저편 묻혀 있던 하나의 섬 같은 〈아버지〉를 불러낸다. 불러낸 풍경 속에는 유년 시절의 따뜻한 모습과 맞물려 자신의 삶에 대한 성찰을 한다. 시인이 자란 산골은 어릴 때 "야트막한 들길에는 / 울 아부지가 산다"거나 "바람이나 나뭇잎사귀가 / 풀숲을 이루면" 환한 얼굴로 들길을 함께 걸으며 돌부리도 걷어내고 풀초롱으로 묘등을 만들었던 아버지의 지난한 모습을 물어 올린다. 자연과 더불어 어린 시절을 보냈던 내면속의 아버지는 "풀벌레 고저장단 소리"라고 일깨운다. 그 아버지의 소리를 따라가면, "그 산골엔 / 맨발로 서성이던 / 어릴 적 나와 울 아부지가 있다"고 시인은 기억을 한 올 한 올 풀어낸다.

작품 「환한 등불」은 정신적 세계의 지주인 〈아버지〉를 나직하게 불러내어, 모든 가족을 감싸 안은 〈따뜻한 존재〉라는 것을 알게 해준다. 자식을 위해 평생을 희생하신 어버이를 시인은 문득 삶의 길목마다 들춰내서 그 궤적을 따라가 보는 것이다.

> 엄마의 쑥버무리
> 생각나고 또 생각난다
>
> 논, 밭두렁에 있는
> 푸성귀 냄새가 싫어
> 그 느낌 생각하려 해도
> 지금은 이해되지 않는
> 소화불량 같던 쑥버무림
>
> 쌀가루 반죽 위로
> 붉은섬이었던 그 마음
> 오랫동안 보지 못하여
> 그리운 이 어디로 가셨을까
>
> 니가 업었는지 내가 업히는지
> 어디쯤에서 보고 있지 않을까
> 아무것도 보이지 않는다
>
> 살아가는 해답을 찾으려
> 교묘하게 둔갑하여 꼬리를 감추어도

하루에도 몇 번씩
나도 모르게 배우고 있다

집에 왔다 아무도 없어
꾸지람 없는 온 산을 쓰다듬어
수평선에 널어 말린다

-「배꽃 필 때」 전문

시인은 시 「배꽃 필 때」에서 흰 배꽃 피는 사월에 온 천지에 쑥이 돋아난 것을 보고 마음결에 무늬 져 있는 〈어머니〉를 드러낸다. 이처럼 설명해주지 않아도 〈어머니〉는 늘 위대했고, 어떤 어려움에도 좌절하지 않았다. 역사 속의 〈율곡 이이의 어머니 신사임당〉 〈맹모 삼천지교의 맹자의 어머니〉 〈충무공 이순신의 어머니〉 등을 통해 자식에 대한 모성과 사랑뿐만 아니라 헌신적인 모습을 시인은 일상의 한 얘기로 만나게 되는 것이다.

시인의 시 속에서 만나게 되는 〈어머니〉는 시인의 유년 속으로 파고들어 지나가 버린 그리운 시절을 회상하게 한다. 현재의 일상 속에서 고만고만한 삶이 연속일 때 시인은 어머니가 정성스레 해주신 〈쑥버무리〉를 시의 몸짓으로 재현한다. "쌀가루 반죽 위로 / 붉은 섬이었던 그 마음 / 오랫동안 보지 못하여 / 그리운 이 어디로 가셨을까"처럼, 해마다 사월이 오면 시인의 마음을 적시고 가는 〈어머니의 모습〉이 있다. 이미 그 〈쑥버무리〉의 맛은 느낄 수 없지만, 어머니가 정성으로 만들어준 〈쑥버무리〉의 부재를 확인하는 것이다. "집에 왔다 아무도 없어 / 꾸지람 없는 온 산을 쓰다듬어 / 수평선에 널어 말린다"에서 시인은 귀가해 집에 오니 공허함 자체고, 문득 산 같던 〈어머니의 모습〉이 겹쳐 와 마음속 그 산을 수평선 너머까지 널어둔다.

시집 『볼테르의 꽈배기』에서 〈시의 몸짓〉으로 나타난 어머니의 시편들은 한결같이 한때의 자양분이었다고 토로한다. 시인이 시로 부르는 어머니를 향한 사모곡은 이제 인생의 한 찰나를 맞아 그 그리움의 정서를 배꽃 필 무렵, 새삼 삶을 더듬어 확인하고 성찰하는 것이다.

어림잡아 대충 얼기설기
할머니의 호박 버무리
눈을 뜨고 달린다

말캉말캉
누런 속살 위로
삐죽이 솟아오른
콩의 맛

가지가지 도려내도
발돋움하며
끌어안고
마중하여 기다린다

- 「호박 버무리」 전문

시 「호박 버무리」의 주체는 〈할머니〉다. 도시에서 일상을 보내는 시인의 〈마음결〉에 불현듯 호박을 보며, 〈할머니〉에 대한 추억이 덧쌓인다. 단순해 보일 것 같은 〈호박 버무리〉에서 용수철처럼 튀어 오른 맛의 흥분을 감출 수 없어 보인다. "어림잡아 대충 얼기설기 / 할머니의 호박 버무리 / 눈을 뜨고 달린다"와 "삐죽이 솟아 오른 / 콩의 맛"으로 이어지는 시골의 풍경 속에서 그 시절 〈기억의 풍경〉이 다시 할머니와의 교감을 통해 이 시의 공간 가득 사랑의 소리로 출렁이고 있음이다.

시인은 〈사라진 풍경〉 속에서 가족과의 연민과 사랑을 떠올리고, 그 사소한 것들이 현재를 살아가는 자신의 힘인 것을 안다. 그래서 시인은 때때로 그 시절을 그리워하며 나직하게 읊는 것이다.

2. 끊임없는 전착, 칼바람 너 불법이다

시집 『볼테르의 꽈배기』의 시편들을 보다가 중요한 관점 하나를 발견한다. '바람, 감나무, 비, 가을' 등의 자연 대상물이 새로운 인식 속에 재현된다. 그런 시적 형상화의 과정이 자연 세계와의 교감을 통해 생명력 있는 자신의 역사를 노래하는 것이다.

바람 이사했니!
거짓말, 거짓말이 왔다가 가도
왜 그러지? 시시덕거리다
헹굼질을 당한다

가위눌린 꿈속에서
눅눅해진 종이 뭉치
중력의 양심에 학대 당한 쇠한 기운이
공간을 넘어 밀려나간다

너무 오래 생각하지 마라
머무를 수 있는 내일
흔들거리는 두 다리로
무디어 지도록 걸어야 한다

지친 날들이 등불을 후려친다
내일이 불안한 문풍지
열리었다 닫히는 문
바람과 맞서기를 하다 구름 속에 숨는다
칼바람 너 불법이다

- 「십이월」 전문

〈겨울〉을 노래한 시 「십이월」을 보자. 매서운 칼바람이 불고 나무들도 헐벗은 채 움츠려 있는 계절의 끝자락, 불현듯 나타났다가 순식간에 사라지는 〈겨울바람〉의 오롯한 정신세계를 보여준다. 「십이월」 시 속에서 내비치는 〈거짓말〉 〈가위눌린〉 〈학대 당한〉 〈지친 날들〉 〈너 불법이다〉는 어둠을 이겨내며 더 이상 슬퍼하지 않을 것이라는 〈간절한 마음〉으로 일체화시킨다. 끝자락 십이월은 운명과 굴레에서 우리 삶과 떼어놓을 수 없는 삶의 순간, 어느 공간일지도 모른다. 시인은 첫 연에서 매번 다녀가는 〈바람〉을 부른다. 몰래 왔다가 가는 존재지만, 거짓말과 시시덕거리는 시적 화자로 반추한다. 그 바람은 둘째 연에서 〈가위눌린 꿈속〉과 셋째 연에 이르러도 〈너무 오래 생각하지 마라〉는 세상과의 또는 바람과의 거리를 둔 채 두 다리가 무디어지도록 맞서야 한다고 치환시킨다. 변신을 거듭하는 〈겨울바람〉을 통해 시인은 메마르고 추운 시기인 십이월, 현실 속 자신의 모습과 내재화한다. 우리 삶의 궤적을 따라가면 일어나는 사소한 것들로부터 또는 주변 가득 무수히 널려 있는 일상의 거리에서 〈동정〉과 〈연민〉을 바람이라는 날아다니는 것을 만나 〈영원한 상승〉의 길을 제시한다. 시인은 넷째 연에서 눈에 비친 메마르고 거친 날들을 후려치는 바람은 너그러운 대상이 아니라 삶의 의지를 꺾으려는 객체로 나타낸다. 그래서 〈깜박이는 등불〉을 후려치고 문풍지는 들썩거리고 구름 속에 숨은 바람을 칼바람이라고 몰아붙인다. 시 「십이월」에서 거센 바람과 맞서 일어서려는 〈처절한 삶의 방법〉을 제시하여 우리들의 마음결을 스쳐간 지난날의 봄과 여름을, 그리고 가을을 다시 내면으로 불러낸다.

봄은 세상 만물을 보는 계절이고 여름은 우리의 내면을 여는 계절이라면 가을은 맺은 만큼 갈 곳으로 보내는 시간이라 한다. 그렇다면 겨울은, 겨우 살아가는 겸허함을 지녀야 하기에 "내일이 불안한 문풍지 / 열리었다 닫히는 문 / 바람과 맞서기를 하다 구름 속에 숨는" 것인가. "칼바람 너 불법이다" 맞는 말이다.

장맛비에 내 힘으로 어쩌지 못한
바람 속 우산이 춤을 춥니다

센 바람 속
내가 비틀거렸습니다

횡단보도 선들이 시냇물 되어
하얀 모형들을 그려냅니다

숙명은 바꿔 세워라
운명은 디딤돌로 건너가라

빛바랜 예감 사이로 왔던 정령

한 바퀴 더 돌아 나오다
어쩌랴 마그마가 되었습니다

– 「비에 마그마」 전문

시는 시인이 일상에서 또는 간접적으로 얻은 체험적 산물들 중 〈시의 몸짓〉으로 언어를 발아해 육화시킨 것이다. 거리를 걷다가 그저 눈에 들어오는 현상을 그 자체로 수용하지 않고 더 서정성이 내포되게 영혼을 불어넣은 작업을 하는 것이다.

시 「비에 마그마」는 여름날 폭우가 쏟아진 날 체득한 시의 소재이다. 자연의 현상 앞에 무기력하게 쓰러지고 나뒹구는 나약한 존재를 보게 된다. 시적 화자는 "센 바람 속 / 내가 비틀거렸습니다"에서 길을 걷다가 우산도 뒤집어지고 불안하게 서 있는 자신의 모습을 발견한다. 그러나 시인의 시선은 "횡단보도 선들이 시냇물 되어 / 하얀 모형들을 그려" 낸다는 역설로 한순간의 고통 속에서 본 〈자연 현상〉을 아스팔트 위 시냇물로 그렸다. 횡단보도 앞에서 시인이 바라본 풍경의 한순간 속에서 비애감이 아닌, 숙명을 바꾸는 찰나를 감지해낸다. 그 〈풍경〉은 결코 정지해 있지 않고 시인의 마음결에 〈열려 있음의 공간〉으로 "빛바랜 예감 사이로 왔던 정령"으로 일순간의 폭우를 얘기한다. 그 장맛비가 〈마그마〉처럼 흘러 곳곳으로 투영된다고 〈낯선 현상〉 속에서 시인은 〈시간의 흐름〉을 역설적 이미지로 환기시킨다.

류재엽 시인의 시에 나타난 자연과의 소통을 통해 빚어낸 시들은 「홍시」「봄 왔잖아」는 거의 다 일상의 굴레에서 취득한 시적 소재들을 삶의 성찰로 귀결한다. 한순간의 현상을 그냥 스쳐 지나가는 것으로 보지 않고 시의 실핏줄을 따라 눈길과 몸짓으로 나타내는 늡늡함을 지녔다.

3. 여행, 경험에서 얻는 인생의 쉼표

시인은 권태로운 삶의 현장에서 잠시 벗어난 여행으로 자기 위안을 찾는다. 마주한 풍경 속의 소재를 감각적 표현으로 주체화한다. 도회적 삶의 허망함을 떠나 계절의 이치를 깨닫고, 더 나아가 인생의 쉼표인 그 여행을 통한 경험을 시적 수용으로 독자와의 폭넓은 공감대를 형성한다.

  생성이 다채롭다
  알 듯 모를 듯
  나무와 소맷자락 사이로

  구룡사 시간의 독경소리
  셈여림으로 골짜기 건너와
  뿌리 깊이 꽂힌다

  애당초 추사체 닮아
  하고픈 말을 실으니
  노송가지 못다 한 목마름으로

  내 모습
  열어놓은 입술로
  휘청거리듯 초라하다

  - 「노거수」 전문

  시 「노거수」는 시인이 구룡사라는 절을 찾아 접한 노송을 노래한 작품이다. 적막이 층층 내려앉은 절 주변을 도는데 함께 휘감고 도는 은은한 독경소리를 듣는다. "구룡사 시간의 독경소리 / 셈여림으로 골짜기 건너와 / 뿌리 깊이 꽂힌다"고 토로하는 데서

잘 드러난다. 골짜기까지 울려 퍼지는 독경소리가 〈노송〉의 뿌리까지 스며든다고 절제된 〈시적 울림〉을 들려준다. 시인이 지그시 바라본 〈노송〉은 세월의 풍파에 가지가 휘어져 있고, "애당초 추사체 닮아 / 하고픈 말을 실으니 / 노송가지 못다 한 목마름으로" 삶의 허허로움을 읽는다. 시 「노거수」를 꿰뚫는 시 정신의 핵심은 〈삶의 편린〉을 조화롭게 보낸 시인의 현재 모습일 수도 있다. 구룡사 품 안에 공생하면서 겪었던 여러 경험처럼, 무언가 말하고픈 것을 넌지시 에두른다.

   시인은 구룡사의 휘어질 대로 휘어진 〈노거수〉를 응시하면서 자신과 현재 삶과 대비시킨다. 그것은 미완의 생을 토로할 수 있지만 "내 모습 / 열어놓은 입술로 / 휘청거리듯 초라하다"로 드러낸다. 구룡사 노거수를 통해 고요가 휩싸인 가람에서 시간을 멈춘 채 지난한 생의 필름을 돌려 잠깐씩 터지는 〈순간순간의 플래시〉에 노거수와 시인이 오버랩된다. 시인의 눈가에 고인 글썽임이 삶을 빗겨 여위어간 노거수를 닮아있다. 우리 삶은 순리대로 살아야 아름다워지는 법, 그러니 우리 주변의 인연들을 맺어주는 소소한 것조차 사랑해야 하지 않을까.

다낭의 영흥사
발아래 30층 높이 해수관음상

향해 선 그 아래
비우라 지우라

번뇌의 영상을 빗자루
　　들고 쓸어내린다
　　졸다가 졸다가 깨어 난
　　높고 깊음이
　　발효된 이스트와 같이
　　시선을 강탈 당한다

　　사방에서 조여 오는
　　사람들의 육신

　　폭염도 잊은
　　연꽃들이 등 뒤로 돌아선
　　위로 쏟아진다

　　하늘이 하늘이 말갛다

　　-「번뇌 아래」 전문

　이 시 「번뇌 아래」는 베트남 중부지역에 위치한 다낭의 영흥사 해수관음상과 마주한다. 탁 트인 미케비치의 바다를 바라보는 해수관음상을 통해 자신의 감상을 뽑아내고 그 대상을 새롭게 인식해 시로 직조하고 있는 것이다. 그러한 재인식의 과정으로 시인은 〈조금 쓸쓸하고 더러 고요한〉 풍경을 보여준다.
　시 안으로 들어오게 되는 〈영흥사 해수관음상〉은 "번뇌의 영상을 빗자루 / 들고 쓸어 내린다 / 졸다가 졸다가 깨어 난 / 높고 깊음이 / 발효된 이스트와 같이 / 시선을 강탈당한다"의 이미지로 다가온다. 여름 한낮의 폭염 아래 언뜻 졸고 있는 것 같은 시적 대상이 이스트에 발효된 빵처럼 거대해져 먼 바다를 바라본다고 풀어낸다. 하지만, 류재엽 시인은 구체적인 감상의 내용으로 결론 짓지 않고 깨달음의 정서로 빚어내 〈연민〉과 〈슬픔〉이 주조를 이루는 상징적 가치로 부각시킨다.

류재엽 시인이 새로운 세계와의 소통을 위한 여행으로 다룬 시 「앙코르왓트를 가다」 「오페라」 「남산이 곡선에 겹치다」 등의 작품들에서도 대상을 새롭게 자각하며 일구어낸 시의 발상으로 얻어낸 내적 깨달음이 크다.

4. 열매, 절제된 서정미학

내가 살아보지 못한
삶의 간이역에는

분홍바람이 아닌
알알이 영근 생의 편린 묻어있다

이제는 승화된 일상으로
너와 나의 의자이고 싶다

— 「삶의 간이역」 부분

시 「삶의 간이역」은 기차가 잠시 정차하는 역이다. 슬몃 지나가는 그 간이역을 시인은 우연히 접한다. 세상을 살아가면서 만나고 헤어지는 그 존재들은 각기 다른 형상으로 다가온다. 허나 어딘가 〈슬픔을 간직한〉 간이역의 내면을 들춰 여름 장맛비에 안쓰러운 것에 대해 슬픔의 정서를 이룬다. 사라져 가는 간이역의 풍경은 일상에서 잠시 길을 멈추고 싶은 시인의 모습과 얼비친다. 그저 스쳐간 풍경을 애틋한 시선으로 다시 반추하는 간이역이다.

비가 크게 내려 흠뻑 젖은 〈삶의 간이역〉은 "내가 살아보지 못한 / 삶의 간이역"으로 시인은 재구성한다. 그리하여 세세한 감정의 흔들림으로 〈쓸쓸함〉과 〈삶에 대한 아쉬움〉을 전해준다. 과거의 시간을 지나 현재의 모습을 깨닫게 하는 시의 몸짓으로 빚어낸다. 때로는 "이제는 승화된 일상으로 / 너와 나의 의자이고 싶다"로 그 〈간이역의 풍경〉 안에 시인의 모습을 이입해 끊임없이 성찰한다. 시 「삶의 간이역」은 언뜻 슬픔의 정서를 이루고 있는 것처럼 보이지만, 그 탄식을 넘어 마주 오는 삶의 대상물을 간과하지 않겠다는 의지를 보여주는 가작이다.

글 모형들이
방아깨비처럼 다가와
자꾸 빙빙 거린다

파랑새를 꿈꾸다
산을 넘는다
혼잣말로 사막의

오아시스도 만들거야

흘려버린 낱말들을
주워 모아 보아도
쉽지 않은 동행
결코 가볍지 않다

- 「시와 동행하기」 전문

바야흐로 시인은 늘 고뇌하며 현실 속 서정의 결과와 상상력이 맞물려 새로운 미학을 창출해 낸다. 이 시대 시인으로 산다는 것은 〈낯선 풍경〉을 재구성해 존재적 충만감으로 제시해야 한다. 이 시 「시와 동행하기」로 류재엽 시인이 시업을 하면서 때론 내적으로 울부짖고 탄식하면서 새로운 언어를 갈구하는 몸부림을 보여준다. 우리 일상의 사소한 풍경을 감각적 재현으로 더욱 세밀화시켜 새로운 의미를 부각시킨다.

시인의 시적 예민함이 "글 모형들이 / 방아깨비처럼 다가와 / 자꾸 빙빙 거린다"고 내적 진술하고 있듯이, 시업이란 현실에서 삶의 고통이 상쇄한다는 것을 보여주는 것이다. 획일적인 시가 아니라 낯선 풍경을 시의 눈으로 직시하고 재발견을 통해 우리 삶과 이어져야 하기 때문이다. "흘려버린 낱말들을 / 주워 모아 보아도 / 쉽지않는 동행 / 결코 가볍지 않다"고 시인은 폭로하면서 그 동행에 얽힌다. 시를 쓰면서 고뇌하고 쓸쓸했던 시간들은 아물지 않는 상처를 만들고 채워지지 않는 〈따스함〉을 기다리게 한다.

류재엽 시인의 시의 나무가 푸르게 자라 그 나무 아래에서 시의 향기를 맡으며 절제된 서정미학의 열매를 얻기를 바란다.

나서며

류재엽 시인의 첫 시집 자연에 대한 애정과 가족에 대한 무한한 사랑이 혈연, 그리운 헌신의 지표를 보여주었다. 그리고 끊임없는 전착으로 소멸해가는 풍경에 대한 애틋함으로 자신만의 한 세계를 드러냈다고 할 수 있다. 또한 여행을 통해 경험에서 얻는 인생의 쉼표를 우리와 나눴으며 절제된 서정미학의 열매를 품어내기도 했다.

서정시는 시간에 저장된 희로애락의 편린들이 순간적 잔상으로 점화함으로 시인의 삶과 세계에 유추적 연관성을 보여주는 승화된 예술이다. 류재엽 시인은 일상으로부터 건져 올린 삶의 순간들을 새롭게 재인식해 우리에게 결 고운 서정시를 펼쳐냈다. 아울러 그가 연출한 시의 몸짓으로 서정의 옷자락이 봄 하늘에 감겨드는 것을 감상하는 기쁨이 컸다.